Relecture : Catherine Rigal

Loi n° 49-956 du 16 juillet 1949 sur les publications destinées à la jeunesse, modifiée par la loi n° 2011-525 du 17 mai 2011.

Dépôt légal : mars 2024

SUPER ARTHUR

a peur des piqûres

Texte de Marie Tibi
Illustrations de Thierry Manes

AUZOU

Tout a commencé par un bête accident à Croquette-City.
Alors que la famille Super prend son petit déjeuner, Arthur décide de tester la fulguro-trottinette qu'il a reçue à Noël.

Ses parents lui ont pourtant dit de ne pas faire de pirouette sur la roue arrière, seulement Arthur n'en fait qu'à sa tête. Et ce qui devait arriver arriva.

Le jeune chien super-héros bute sur une pierre et fait un vol plané.
Ziim ! Zouum ! Patatras.
Aïe !

En voilà une belle gamelle ! Pas cool…
Résultat : son front est ouvert sur le haut.
Sa cape est déchirée sur le bas.

Tout super-héros qu'il est, il réagit comme tous les enfants du monde quand ils se font mal, il pleure et il appelle sa maman :
« Maaaaman ! Ouiiin ! »

Kitty Super accourt et constate les dégâts.
« Il faut recoudre.
– Quoi ? »
À la simple vue d'une aiguille, Arthur panique.
La super-maman insiste.

« Courage, mon chou, tout se passera bien.
Avec une piqûre de produit anesthésiant, tu ne sentiras rien. »
Elle emmène illico son fiston à losto-costo,
l'hôpital des super-héros.

En entrant dans la salle d'attente, Arthur n'en mène pas large. Il a une peur bleue des piqûres ! Si sa mère ne le retenait pas par la patte, il se sauverait en courant ! Le super-peureux s'enroule dans sa cape. Il aimerait avoir le pouvoir d'invisibilité.

Mais c'est raté. Il n'est pas invisible du tout.
Quelqu'un lui tapote même l'épaule.
« Tu fais quoi ici ? »

C’est Bianca Bunny, une super-lapine extra qui va à la même école que lui. Elle a un gros bandage autour de la main.
« Tu fais quoi ? répète-t-elle.
– Euh, j’attends mon tour.

– Tu viens te faire recoudre ? Moi, c'était la semaine dernière. Je suis tombée d'un arbre. Je me suis ouvert le genou et blessée à la main. Aujourd'hui, le doc doit vérifier si ma patte est réparée. »

Arthur est un peu penaud. Il redresse les oreilles, ajuste sa tenue.
« Oh ! ta cape aussi est déchirée », constate Bianca.
Le chiot se relève et renifle.
« Dis, est-ce que ça t'a fait mal ? Tu as saigné ?
Tu es tombée dans les pommes ? »

Bianca Bunny lui sourit gentiment.
« T'inquiète ! Moi aussi, la première fois, ça m'a fait peur. Tu verras, Béatrice l'infirmière est extraordinaire ! »
La lapine montre la petite trace en forme d'hirondelle qui orne son genou.
« Regarde ma cicatrice, elle est classe, non ? »

Un coup de sonnette annonce le tour d'Arthur.
« Je t'indique le chemin », propose Bianca. Elle accompagne son nouvel ami jusqu'à la salle de réparation.

« Voilà, c'est là. Je vais montrer ma patte au doc et je reviens ! »
La lapine s'éloigne en sautillant.
Elle est super super cool, pense Arthur.

Béatrice l'infirmière accueille le blessé.
« Oh, mais ta cape est déchirée ! »
C'est la personne parfaite. En plus d'être infirmière, elle est couturière, elle a l'habitude des blessures et des coupures qui nécessitent une suture : c'est une « couturmière ».

« Voyons ça, dit-elle en chaussant ses lunettes. Ce n'est pas bien méchant. Tout sera réparé en quelques points de couture. »
Des instruments sont posés sur un plateau brillant : du fil et une aiguille pour le front, et… du fil et une aiguille pour la cape.
« Tu ne sentiras rien du tout. Crois-moi, j'en ai rafistolé, des super-bobos ! Commençons par la cape. »

L'habile Béatrice replie délicatement la déchirure dans le tissu rouge.

Trois ou quatre points bien solides et, pour finir, un petit nœud.
Zip zip, elle coupe le surplus de fil.
C'est raccommodé !

« Maintenant, occupons-nous de ton front, dit Béatrice.
Je vais d'abord endormir ton arcade sourcilière avec ce produit. »
Elle met des gants stériles et remplit une seringue. Arthur pense à Bianca. Elle est passée par là, il peut le faire aussi.
Il serre les dents et ferme les yeux.

Pic, et voilà ! Le brave chien est fier de lui.
Il n'a pas pleuré du tout, ni même poussé un petit gémissement.

« Voilà, c'est endormi, continue Béatrice.
Je vais repriser cette entaille en un éclair. »
Trois ou quatre points bien solides et, pour finir, un petit nœud.
Zip zip, elle coupe le surplus de fil. Fini.
Arthur n'a rien senti. Même pas mal !

Kitty Super le félicite.
« Même les héros ont peur des piqûres, tu es très courageux, mon grand ! »

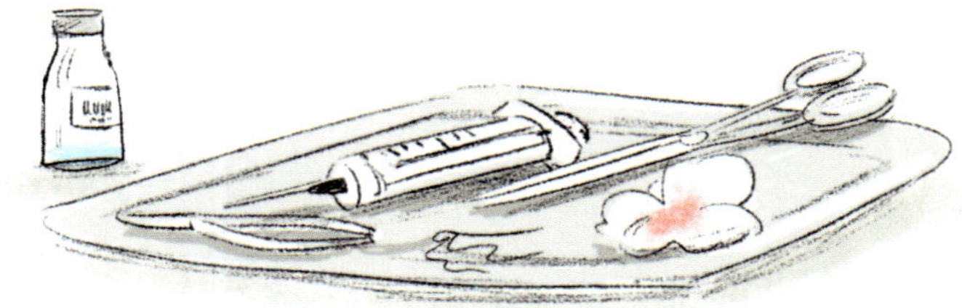

Arthur se regarde dans le miroir. Il voit deux jolies cicatrices en forme d'oiseau, une sur le haut de son sourcil et une sur le pan de sa cape.

Lorsqu'il sort de la salle, Bianca est là. Elle l'a attendu.
« Plus de bobo », lui dit-elle avec un grand sourire en agitant sa main débarrassée du pansement.
Arthur montre son front.
« Sympa, la balafre ! » siffle la lapine.
Elle lui pose alors un bisou sur le haut de la joue, un petit bisou tout doux.

Mais, encore sous l’effet de l’anesthésie…
Super-Arthur n’a rien senti du tout !
Pas cool !

Kitty regarde tendrement les deux blessés.
« Qui a envie de super-gaufres ? »
Les deux jeunes héros ne se font pas prier. Les émotions, ça creuse ! Qu'on soit super-héros ou pas…

La super-maman d’Arthur fait les meilleures gaufres de l’univers.
Et ça, c’est vraiment cool !

MES P'TITS ALBUMS

Une collection d'histoires tendres et drôles à lire, à écouter, à offrir pour partager de bons moments, exprimer ses émotions et rêver.

l'amitié
la solidarité
l'autonomie
la différence

l'arrivée d'un petit frère ou d'une petite sœur
l'acceptation de soi
l'hygiène / la santé
la peur de l'inconnu
l'obéissance
l'amitié
l'humilité

la solidarité
la peur du noir
l'entraide l'amour
la générosité
l'entraide
la confiance en soi
l'autonomie la timidité

la rivalité entre frères et sœurs
le mensonge
l'écologie le respect
le déménagement
la tolérance la famille
la confiance en soi
la curiosité

les bêtises
la maladie l'amitié
la différence
la jalousie le talent
l'amitié l'entraide
la distraction
l'ennui

la peur de l'inconnu l'amitié
le sommeil
la différence le voyage / la famille
les caprices
Pâques
la créativité
le mensonge

l'étourderie
l'entraide / les animaux de la banquise
perdre une dent la petite souris
la gémellité l'entraide
la colère
le handicap la différence
l'autonomie l'école

l'enquête
l'accusation

l'enquête
la jalousie

l'entraide
Pâques

la jalousie
le partage

l'impatience

l'école
l'amitié

la rivalité

la triche

la fratrie

la séparation
parentale

la rentrée

la peur du noir

l'amour

les dents de lait
le secret

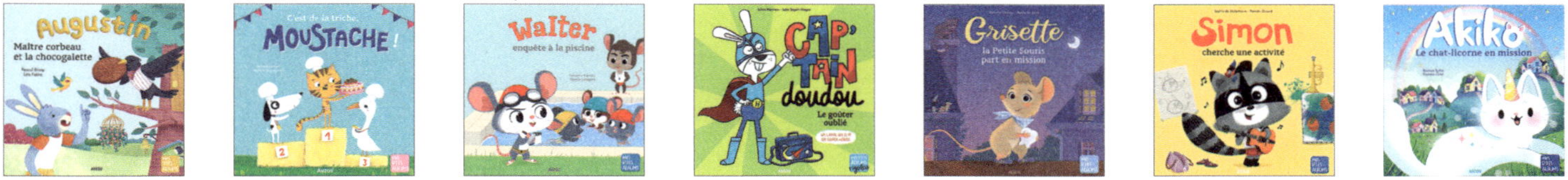

le partage
Jean de La Fontaine

la triche

le vol

le doudou
les super-héros

la Petite Souris
l'aventure

les activités extra-
scolaires / le choix

la différence
l'amitié / l'entraide

l'enquête

l'étranger / l'amitié
les préjugés

le doudou / l'ingéniosité
les super-héros

le harcèlement
à l'école

la générosité

les amis
l'adaptation

l'entraide
la maladresse

les vacances
la montagne

la préservation
de la planète

l'anniversaire
l'impatience

La Petite Souris
l'entraide / l'aventure

La Petite Souris / la Fée
des dent / la générosité

les TDAH
le quotidien

aller à son rythme
les vélos à petites roues

les commérages
l'amitié

la peur

la vantardise,
l'acceptation de soi

les émotions,
l'école

le genre

la famille,
grandir

la peur des fantômes

la galette des rois

les saisons,
les doudous

la colère,
le partage

les bobos
le médecin